DISCOURS

PRONONCÉ DEVANT LA CHAMBRE DES PAIRS

PAR

M. LE COMTE DE SÉGUR,

A L'OCCASION DU DÉCÈS

DE

M. LE M^AL MACDONALD,

DUC DE TARENTE.

PARIS,

DELAUNAY, LIBRAIRE,

PALAIS-ROYAL, PÉRISTYLE DE VALOIS, 182-183.

1841.

DISCOURS

PRONONCÉ DEVANT LA CHAMBRE DES PAIRS

PAR M. LE COMTE DE SÉGUR,

A L'OCCASION DU DÉCÈS

DE M. LE MARÉCHAL MACDONALD,

DUC DE TARENTE.

———

Je viens, Messieurs, rendre un solennel et dernier hommage à la mémoire vénérée du Maréchal Macdonald, duc de Tarente. Lorsque tant de guerriers renommés, ses compagnons d'armes, quand tous enfin, dans nos appels législatifs et judiciaires, nous nous sentions honorés et si fiers d'entendre nos noms prononcés à côté du sien, pourquoi, entre tant de voix plus fortes, réservait-on à la mienne cette distinction douloureuse? Sans doute, mon ancien et respectueux attachement pour ce guerrier célèbre a dicté ce choix. Quant à moi, Messieurs, si j'osai l'accepter, c'est qu'aide-de-camp de ce chef illustre, je fus de sa famille militaire, et que j'ai fait sous lui mes premières armes. Qu'on n'accuse donc point de témérité le sentiment qui m'amène à cette tribune ; l'excuse de ceux qui m'ont désigné est dans mes profonds regrets ; la mienne est dans ma reconnaissance.

Né à Sédan, le 17 novembre 1765, et mort à Courcelles en 1840, la vie du Maréchal Macdonald, duc de Tarente, est d'une longueur commune quant au nombre des ans ; mais si l'on compte par les services rendus au pays, sa carrière, plus pleine de faits que de jours, est l'une des plus considérables de toutes les illustres vies dont se composent nos annales.

Il était de race loyale et guerrière et d'un sang généreux, pur et fidèle. L'histoire était déjà faite à son nom ; dans celle des généreux dévouements depuis longtemps il était célèbre. Ce précieux héritage, aujourd'hui si difficile à conserver, Macdonald sut l'accroître, en dépit de la succession malheureusement si rapide de nos changements politiques !

Dès l'âge de dix-neuf ans et jusqu'au commencement de nos grandes guerres, la légion de Maillebois, le régiment de Dillon, celui d'Hesse-Darmstadt et l'état-major de Beurnonville formèrent sa jeunesse dans les premiers grades. Sa conduite, son extérieur, son esprit plaisaient, il n'en fallait pas alors davantage, et il parvint sans difficulté jusqu'au grade de capitaine. Mais lorsqu'un bouleversement général, renversant tous les jalons, effaçant toutes les traces, vint mettre subitement tout en question, et que dans ce chaos, ce qui jusque-là guidait, sentiments, intérêts, devoirs, tout se brisant ou se transformant, s'entre-choqua ; quand au milieu de cent voix contraires, on s'entendit appeler en sens opposés sous une même invocation de patrie, de fidélité et d'honneur, alors, dans l'armée elle-même, discipline, inexpérience, infériorité de rang, rien ne mit à couvert, rien n'excusa ; quelque âge qu'on eût, il fallut choisir entre mille exemples contradictoires de passions violentes, poussant à ces extrémités qui n'ont d'issue que des abîmes ! Qu'on juge de la cruelle incertitude de la génération nouvelle. La jeune raison de Macdonald soutint cette épreuve. Bientôt les étrangers en armes se présentèrent ; notre frontière menacée appela ses défenseurs, et Macdonald, resté fidèle au drapeau de la France, se trouva prêt à répondre à son appel.

Il n'était pas venu dans ces temps médiocres rares en hommes et féconds en réputations faciles, usurpées sur ce besoin d'admiration qu'ont toujours les peuples. Devant lui la carrière s'ouvrait sans bornes, sanglante, hérissée d'obstacles ; toute une génération s'y précipitait. Jamais plus grande concurrence et de guerriers et de périls n'avait fait monter si haut le prix de la gloire! Eh! quel peuple eut jamais plus besoin de cette renommée guerrière! Existence, honneur national, de honteux, d'odieux excès avaient alors tout compromis. Il y avait tout à sauver à force d'héroïsme.

Ces temps convenaient au génie de Macdonald. Dès ses premiers pas, sa valeur intelligente, sa conception prompte, son exécution hardie le mirent au premier rang de ceux qui couvrirent de l'éclat de leurs armes nos horreurs révolutionnaires. Dans cette riche moisson de lauriers, les siens dominent!

En février 1793, Dumourier, Beurnonville et la première conquête de la Belgique lui avaient obtenu dans le régiment de Picardie le rang de colonel. Depuis, et dans cette funeste année, vingt combats heureux furent ses seuls protecteurs contre son nom, son éducation, ses formes distinguées, contre la haine qu'il portait et sa désobéissance aux barbares décrets de la Terreur. Entre ces combats, citons seulement ceux de Warwich, de Menin et de Commines, qui l'élevèrent au grade de général. En 1794, d'autres victoires, Moncrou, Turcoing, Tournay, Hooglede surtout, et la prise de Bois-le-Duc, le firent, aux acclamations de l'armée, général divisionnaire !

Ici, Messieurs, ma tâche est déjà presque finie, c'est à l'histoire à continuer ; elle seule convient à des renommées si hautes ! que pourrait y joindre l'éloge ? Oui, *l'éloge languit auprès des grands noms !* A des hommes aussi publics il suffit d'être peints d'après nature : qu'y a-t-il à ajouter ? hommes historiques, ils font, ils sont eux-mêmes l'histoire ; l'historien n'est que leur copiste ! Macdonald n'en a pu manquer. Déjà plus d'un burin fidèle s'est essayé à le reproduire. Et en effet, nos plus brillantes annales, sans être incomplètes, sans être interrompues par de larges lacunes, pouvaient-elles omettre son nom ? Si elles eussent failli à ses actions, que de pages glorieuses manqueraient à notre histoire !

Aussi l'a-t-elle montré dans la célèbre conquête de la Hollande, toujours en tête et se faisant un allié du terrible hiver de 1794 ; elle a dit comment, se fiant audacieusement à ce dangereux appui, il osa, le premier, avec son artillerie, passer à pied sec les fleuves et les bras de mer bataves. Puis aussitôt, les Anglais surpris, leurs retranchements de glace enlevés, quatre-vingts canons pris en un jour ; Gorcum, Utrecht, Amsterdam soumises à nos armes, la flotte hollandaise entière abordée et conquise par une charge de la cavalerie française !

L'hiver s'arrête, et lui continue. L'Yssel vainement défendue, s'efface à son tour sous ses pas, et si l'Ems en borne la course glorieuse, c'est qu'ici la Hollande et la guerre cessent, et qu'au delà Macdonald a rencontré la limite marquée par la paix de Bâle.

Il fut dès lors placé dans cette rare élite de chefs de guerre à la fois l'honneur, l'abri, l'appui de leur pays ; que la voix des peuples, que la confiance du soldat appellent par leur nom dans le danger ; dont la forte épée pèse dans les déterminations des Gouvernements, et suffit pour couvrir ou percer une frontière !

Ici j'abrége, Messieurs, car j'aurais trop à dire, et le temps me presse. Passons donc à 1798, et du nord au midi de l'Europe, avec Macdonald ! Rappelez-vous cette inondation de 60,000 Napolitains, qui, sans déclaration de guerre, viennent de nous reprendre Rome ! 40,000 d'entre eux, que Mack commande, et dont une insurrection générale double la foule, ont assailli sa division de 6,000 hommes. En vingt-quatre heures il change les rôles ; c'est lui qui a ressaisi l'attaque, et de cette masse informe, tout ce qui n'est pas pris ou tué fuit en déroute ! Rome, Capoue, Mack aussi qui vient se livrer, sont les fruits de cette victoire dont la renommée l'élève bientôt, dans Naples même, au rang de général en chef.

Il y gouvernait d'une main sage et vigoureuse cette conquête lointaine, lorsqu'en 1799, la haute Italie perdue le rappelle. Aussitôt, traversant intact et entier tout le sud de la péninsule insurgé, il remonte au travers des États de Naples et de Rome jusqu'à Florence. C'est là qu'environné par des forces triples des siennes, il apprend que Moreau est rejeté jusqu'au point de départ de l'immortelle campagne de 1796. Ce désastre, au lieu de l'étonner, l'inspire! Il pouvait encore se rejoindre à lui vers Gênes, mais, tout au contraire, il conçoit un plan hardi; il ne songe qu'à ressaisir d'un seul coup toutes nos conquêtes par un effort digne du génie de Bonaparte. Il s'engage à renverser l'ennemi qui le tient assiégé dans la Toscane; à se jeter, par Modène et Plaisance, au delà de l'Apennin, au sein de l'Italie, sur la rive droite du Pô, derrière la coalition victorieuse! Pendant qu'il attirera sur lui Souwarow, Moreau redescendra des monts, sur le flanc droit du feld-maréchal, et tous deux, l'écrasant par un effort simultané, auront reconquis l'Italie sur le champ de cette bataille.

Ce projet audacieux accepté, il l'exécute. Tout

réussit, jusqu'au rendez-vous glorieux de la Trebbia où Macdonald seul tient parole!

Là, pendant trois jours d'une triple bataille la plus acharnée de nos annales, vingt-huit mille Français contre cinquante mille Russes tinrent la fortune en balance, et donnèrent vainement à Moreau le temps de la faire pencher pour la France. La victoire enfin reste à Souwarow, mais si sanglante, que dans son étonnement, le rude Moskovite s'écria : *Encore un semblable succès, et nous aurons perdu la Péninsule!*

Cependant, Macdonald a été trompé dans son attente; son armée est épuisée, il est blessé lui-même, et quand il faut qu'il recule, le torrent grossi derrière lui s'oppose à sa retraite. Derrière ce torrent d'autres ennemis l'attendent, autour de lui les courages s'étonnent; mais lui, calme et serein les relève : *Pour des gens de cœur, leur dit-il, rien n'est impossible!* Alors se retournant il arrête encore les efforts des Russes, protége le passage de ses débris, et au delà rencontrant les Autrichiens sur une étroite chaussée, seule voie de salut qui lui reste, il crie à ceux des siens dont il veut prendre la tête, de lui faire place. En ce moment une décharge à mitraille renverse la moitié du rang qu'il vient commander, et pleins de lui, ceux de nos grenadiers restés debout

montrant la brèche, lui répondent héroïquement :
Passez, général, voilà de la place !

Ce fut par cette trouée sanglante que Macdonald s'élança, qu'il entraîna sa colonne, et s'ouvrit jusqu'à la rivière de Gênes la plus glorieuse des retraites.

L'année suivante, le 18 brumaire, il contribua au salut de la France en s'unissant à Napoléon contre la honteuse oppression du gouvernement directorial. A la fin de la même année, à la tête de l'armée des Grisons, on le voit affronter l'hiver de 1800 à 1801 jusque sur le sommet glacé des plus hautes Alpes. Ces géants couronnés de frimas éternels, leur famine, leurs ouragans de neige ne l'arrêtent pas. Le redoutable Splugen lui-même a vainement englouti ses escadrons, entrecoupé ses bataillons, et fait reculer trois fois sa colonne. Lui même en vient prendre la tête. Dès lors tout est dompté. L'Apriga, le San-Zeno, d'autres glaciers encore sont dépassés, soixante lieues de glaces franchies ; l'ennemi qui les défend tantôt tourné, tantôt culbuté, n'a pu ralentir sa course rapide. Tout chargé qu'il est de munitions et de canons, comme l'aigle des Alpes il semble avoir volé de crête en crête, et s'abattant subitement sur l'Adige, il y surprend l'aile droite d'une autre armée autrichienne, il la met entre deux feux, et si elle échappe, c'est par l'erreur d'un autre général.

La sienne, après sa mission de Copenhague, tient à la loyauté généreuse de son noble caractère. Son ancienne amitié pour Moreau lui avait pardonné la Trebbia et cette illustre défaite. Quand vint la conspiration de 1804, Macdonald ne put l'en croire coupable. Il défendit hautement son ancien compagnon d'armes, et s'attirant la disgrâce du Premier Consul, il supporta cinq ans d'un injuste oubli dans une honorable retraite. De là ce long intervalle entre ses lauriers du Splugen et ceux d'Italie et de Wagram.

Cependant, en 1809, une autre coalition recommence ; l'Italie est menacée ; il faut des lieutenants au vice-roi, et Macdonald est enfin rappelé de sa retraite. Il vient, et bientôt commence une suite non interrompue de passages de fleuves, de prises de villes, et de victoires que le prince Eugène couronne par celle de Raab.

Mais pour Macdonald ces succès n'étaient qu'un prélude. Essling venait d'entr'ouvrir nos rangs, Montebello n'était plus. Dans ce grand vide qu'il cherche à remplir, Napoléon appelle Macdonald ; Wagram l'attendait, il y accourt, et placé au centre de cette grande bataille, c'est devant lui qu'elle se décide : il renverse, il crève le centre opposé ; l'armée du célèbre archiduc est tranchée en deux

par ce puissant et sanglant effort, elle cède, elle
fuit enfin, et c'est au milieu des débris fumants de
l'Autriche, sur le champ même de la victoire que
Napoléon embrasse le vainqueur, qu'il le nomme
Maréchal, et que toute l'armée applaudit en voyant
le bâton sanglant de Montebello passer aux mains
de Macdonald.

Gratz alors devint son quartier-général ; il y
fit respecter les droits des vaincus, et quand,
à son départ, leurs magistrats, dans l'émotion
de leur reconnaissance, s'efforcèrent de lui faire
accepter de riches présents : *Messieurs,* leur
dit-il, *je vous laisse trois cents malades, prenez-
en soin, c'est le seul moyen de me prouver votre
gratitude !*

En 1810, il parut quelques instants en Cata-
logne, et Figuière tomba devant ses armes.

En 1812, la gauche isolée et presque toute de
Prussiens de la grande armée, lui est confiée. Là,
ni les Russes, ni leur mortel hiver même ne l'ont
arrêté, il n'a obéi qu'à son Empereur ; soit qu'il
avance, soit qu'il se retire, il force à vaincre jusqu'au bout ses alliés douteux ; et quand le temps
des défections arrive, seul au milieu d'eux, il les
force encore à imiter autant qu'ils le peuvent sa
loyauté, par le respect qu'il leur inspire.

En 1813, dans ces mêmes alliés il retrouve des

ennemis, et c'est en les battant qu'il se montre encore leur général ; il donna ainsi à l'Empereur le temps d'arriver à Lutzen , le 2 mai , au secours d'Eugène : journée célèbre ! où Napoléon surpris, sur le tombeau de Gustave-Adolphe , lutte pour sa vie autant que pour la gloire; où Macdonald , par une manœuvre rapide sur le flanc droit ennemi, a décidé le gain de la bataille.

En dix-huit jours elle a porté nos armes au travers de l'Elbe et de Dresde jusqu'à Wurtzen et Bautzen , autres champs de victoires où s'illustre encore Macdonald , où la paix semble conquise dans un insidieux armistice , quand tout au contraire la coalition en ressort plus formidable.

Ce colosse aussitôt dardant de trois côtés à la fois sa triple tête, en environne Napoléon. Le premier jour celle qui ose l'affronter lui-même tombe ! Mais dès le lendemain, presqu'au même instant, à droite, à gauche et derrière lui, nos désastres commencent par celui de Vandamme à Culm, et par l'échec de la Kalsbach , où Macdonald surpris et battu, accepte franchement son malheur, et ce qui est rare, n'en accuse que lui seul !

Mais bientôt il le répare à force d'héroïsme dans la triple et perfide journée de Leipsick. Le troisième jour, à notre droite, lui seul autant qu'il se pouvait, avait songé à assurer la retraite ; il avait fait jeter un pont sur l'Elster, et en défendait les approches ; mais un autre chef en profitant le premier, laisse rompre sous lui sans le réparer ce frêle passage, et quand entouré de Suédois qui le saisissent déjà par son manteau, Macdonald le dernier des siens s'y présente, il n'a d'autre voie de salut que l'Elster même, où tout armé il se précipite. Plus heureux que Poniatowsky, il en ressort pour reparaître, pour ressaisir à Hanau sa part d'une dernière victoire, et rouvrir la France aux restes de notre armée, au travers d'une trahison nouvelle.

Cependant, en 1814 recommence l'une des plus glorieuses et la plus fatale de nos campagnes. C'est là, Messieurs, que sous vos yeux mêmes, cédant, résistant ou reprenant l'offensive toujours à propos, vous vîtes Macdonald, souvent victorieux, jamais vaincu, arrêter la marche de la coalition sur Paris, et donner trois fois à l'Empereur le temps d'arriver au secours de la Capitale. Lorsqu'enfin, n'étant plus couverte par lui, elle succomba, et que sa chute entraîna l'abdication, dans cette extrémité, la grande âme de l'Empereur se reconnut à la noblesse des sentiments du Maréchal ! il le choisit pour interprète. Au milieu de la cruelle négociation qui suivit, d'autres insis-

taient sur quelque compensation à une si grande
infortune. Mais lui, pénétré de l'élévation de sa
mission et du caractère qu'il représentait, inter-
rompit ces pourparlers. Il déclara au nom de
l'Empereur et par son ordre, *qu'il venait tout ré-
clamer pour la France, et rien pour celui qui se
sacrifiait tout entier pour elle!* Il en faut convenir,
à cette noble interruption, des yeux ennemis se
mouillèrent d'admiration, de quelques regrets
peut-être; l'émotion fut telle enfin, que sans la
nouvelle d'une défection devenue involontaire,
on ne sait quelle autre issue eût pu avoir cette ca-
tastrophe.

Neuf mois ensuite, quels que fussent ses sentiments, il donna l'exemple d'une fidélité sans
espoir, trop justifiée par la dernière de nos dé-
faites.

Ici se termina sa vie guerrière! Et vous, généra-
tions nouvelles, fatiguées peut-être des récits de cet
entassement de guerres et de batailles, où pourtant
depuis le premier instant jusqu'au dernier Macdonald fut infatigable, vous donnerez un regret à
cette brave armée, quand, après vingt-trois ans
d'efforts si glorieux, vous verrez l'Europe entière
victorieuse de son épuisement, en redouter encore les restes, en exiger la dissolution. Vous
plaindrez ceux de nos chefs de guerre qui, pour

conserver ces restes, pour les faire renaître aussitôt sous une autre forme, ployèrent sous une né-
cessité impérieuse, et acceptèrent le rôle de sacrifi-
cateurs, alors qu'eux-mêmes comme nous étaient
victimes.

Lorsqu'ainsi le temps du repos fut arrivé, que
la plume prit la place du glaive, la tribune celle
du champ de bataille; quand aux guerriers succé-
dèrent les orateurs, et qu'un siècle tout d'action
se transforma en un siècle tout de paroles, la
haute moralité de Macdonald ne craignit pas d'u-
ser d'une arme pour lui si nouvelle. Avec d'autres
armes il avait jadis contribué à rendre au dehors
la révolution invulnérable; avec celle-ci il tenta
d'en cicatriser les plaies intérieures. Digne Pair de
France et chancelier de l'Ordre d'honneur, ce fut
lui qui proposa le premier d'effacer par une in-
demnité les confiscations de la Terreur; de conci-
lier par une réparation juste et généreuse des
droits ennemis, et sans rétroagir contre une
odieuse spoliation consacrée par des lois, par le
temps, et les droits des tiers, d'en réparer l'ini-
quité pour les uns, en épurant les titres de jouis-
sance des autres.

Voilà, Messieurs, quelle fut la vie du Maréchal
Macdonald, duc de Tarente! puissé-je par ce trop
faible tableau de tant de belles actions l'avoir

rendu lui-même à vos yeux présent encore; car il était de ceux dont les dehors heureux sont d'une âme pure et généreuse la digne et fidèle image. Rien en lui ne dissimulait. Son âme ressortait dans tous les traits de sa noble figure, elle s'annonçait à tous les yeux dans toutes les habitudes de sa personne; sa bienveillance dans le charme de son accueil, la vive et trop inquiète tendresse de son cœur pour les siens, dans l'ardeur expressive de ses regards et de ses caresses; la spirituelle et parfois malicieuse gaieté de son esprit dans la finesse d'un sourire presque habituel; et s'il est permis de s'exprimer ainsi, l'élévation, la loyauté, la droiture de ses sentiments, et son inébranlable et audacieuse valeur, dans sa noble et haute démarche, dans son port de tête remarquablement élevé, dans la fermeté mâle, et souvent prête à devenir fière, de son regard franc, calme et assuré.

D'autres diront la constance de ses amitiés, la douceur de ses relations de famille, à la fois si tendres dans leur expansion et leur exigence qu'un excès de sensibilité en put seule, quelquefois, troubler le cours. Ils citeront ces mots à sa fille, datés de l'un de ses derniers champs de bataille; « Usez des ressources que vous trouverez à Courcelles, donnez, puisez dans ma caisse, je ne veux point de malheureux, ni sur mon domaine, ni dans mon voisinage. » Non , les fortes, les rudes et sanglantes émotions de la guerre n'endurcissent pas ces nobles cœurs; j'en attesterais les touchants souvenirs des siens, les miens mêmes aussi, Messieurs, les pleurs de tant d'infortunés qui baignent sa tombe ; mais la majesté de cette enceinte m'avertit que les plus légitimes, les plus justes douleurs privées, doivent se taire devant la douleur publique !

Messieurs, les grandes mémoires sont l'ornement, elles font même partie de la force des nations. Espérons donc que le jeune héritier de cette illustration la soutiendra! Sans doute, ses nobles sœurs, dignes de leur père, l'ont averti ; il sait qu'il doit à la génération nouvelle l'effort difficile de porter dignement un nom dont la patrie s'honore !

Je finis en demandant pardon à ceux de ses contemporains qui m'écoutent, de n'en avoir pas dit davantage ; la renommée de Macdonald suppléera à mes faibles paroles. J'en eusse dit plus s'il eût été moins célèbre.

Car c'est à tort, Messieurs, qu'on accuse la renommée; il est rare qu'elle ne soit point juste; c'est elle qui dicte à l'histoire ses plus grands noms, ses plus belles pages. Véritable vie des hommes justement illustres, bien loin d'attendre leur mort pour leur dispenser la gloire, elle les fait jouir d'avance d'une glorieuse immortalité! Et si elle leur attire l'envie, si elle ne les préserve pas toujours des torts de la fortune, c'est elle, surtout, qui les en console.

Rendons-lui donc grâce dans cette Chambre, où tant de noms qu'elle a proclamés sont réunis, qu'on pourrait dire qu'elle en est le temple! et dans ce triste moment, quand nous unissons nos regrets pour la perte de l'un de ses favoris les plus illustres, rendons-lui grâce encore de ces impérissables souvenirs qu'elle y conserve, dont elle fortifie cette enceinte, et qu'en dépit de la mort elle fera toujours vivre au milieu de nous.

DE L'IMPRIMERIE DE CRAPELET,
IMPRIMEUR DE LA CHAMBRE DES PAIRS,
RUE DE VAUGIRARD, N° 9.